LES PROPHÉTIES

DE

FOURIER

PAR

CHARLES GIDE

Professeur d'Économie politique à l'Université de Montpellier

2me ÉDITION

NIMES

IMPRIMERIE ROGER ET LAPORTE

Vᵉ LAPORTE, Successeur

7, ruelle des Saintes-Maries, 7.

1894

BIBLIOTHÈQUE DE « L'ÉMANCIPATION »

LES PROPHÉTIES

DE

FOURIER

PAR

CHARLES GIDE

Professeur d'Économie politique à l'Université de Montpellier

2ᵐᵉ ÉDITION

NIMES

IMPRIMERIE ROGER ET LAPORTE

Vᵉ LAPORTE, Successeur

7, ruelle des Saintes-Maries, 7.

1894

LES PROPHÉTIES

DE

FOURIER

CONFÉRENCE

donnée à la *Société d'économie populaire de Nimes*,
le 8 avril 1886.

Je dois vous avouer — et en fait d'exorde c'est un aveu un
peu intimidant — que c'est d'un fou dont j'ai à vous entretenir.

Oui, vraiment d'un fou et même du fou le plus complet qui
se puisse imaginer. Jugez-en plutôt vous-mêmes.

Nous promettre un état social où, dès trois heures du matin,
chacun sera debout pour courir au travail avec plus de passion
qu'on en apporte aujourd'hui à courir à une fête (1) ; — où il
n'y aura plus de soldats parce qu'il n'y aura plus de guerres,
plus de gendarmes et d'agents de police parce qu'il n'y aura
plus de voleurs ; où il restera encore des médecins, parce
qu'il pourra bien rester quelques malades, mais où ces médecins recevront des honoraires calculés en raison de la santé
générale, en sorte qu'ils toucheront d'autant moins qu'il y
aura plus de maladies (2) ; — où la richesse sera tellement
abondante et la chère tellement exquise que le plus pauvre
jouira d'un confort bien supérieur à celui des Rothschild d'aujourd'hui (3) ; — où l'existence ne sera qu'une fête perpétuelle
et renouvelée de jour en jour ; — rêver d'un monde tellement
supérieur à l'état de choses actuel, que pour vous citer les
expressions naïves de Fourier lui-même :

(1) *Association domestique*, II, p. 300, édition de 1822.
(2) *Association domestique*, II, p. 173.
(3) *Association domestique*, I, p. 371. — *Nouveau Monde industriel*, p. 171, édition 1846. — *Quatre Mouvements*, p. 168.

« S'il nous était donné de l'entrevoir seulement dans toute sa gloire, il est hors de doute que beaucoup de personnes tomberaient frappées de mort par la violence de leur extase, et beaucoup d'autres tomberaient malades de saisissement et de regret en voyant subitement tout le bonheur dont elles auraient pu jouir et dont elles n'ont pas joui (1) ! »

N'est-ce pas là le langage d'un fou ?

Ceci n'est rien. Écoutez encore.

Nous introduire comme par la main dans un monde où les hommes atteindront en moyenne l'âge de 144 ans (2) et où leur taille s'élèvera en moyenne à 2 mètres 27 (3) ; — où ils acquerront la faculté de se servir de leurs doigts de pied avec autant d'aisance que nous nous servons aujourd'hui des doigts de nos mains, par exemple, pour toucher du piano (4), et au bout d'une douzaine de générations, acquerront aussi, par suite d'une simple modification dans les ventricules du cœur, la faculté de vivre également bien dans l'eau ou dans l'air, c'est-à-dire deviendront amphibies (5) ; — où par le seul effet de cultures appropriées, ils changeront les climats, pourront faire une première moisson en mai et une seconde en novembre (6), façonneront à leur gré des espèces animales nouvelles et transformeront l'Océan en eau douce ou du moins d'une acidité qui ne sera pas désagréable (7) ; — où une aurore boréale perpétuelle couronnera notre globe terrestre, répandra la lumière et la chaleur sur des régions aujourd'hui désolées et fera fondre les glaces des deux pôles (8); — où notre terre fera l'acquisition de quatre lunes nouvelles, chacune plus brillante que celle qu'elle possède déjà (9), et grâce à « ce quadrille de satellites », comme l'appelle Fourier, aura des nuits plus claires que nos jours ; — où les habitants de notre terre entreront en communication avec les habitants des autres planètes, voisines ou lointaines (10), s'interrogeront et

----

(1) *Théorie des Quatre Mouvements*, p. 64, 65.
(2) *Nouveau Monde*, p. 440.
(3) *Nouveau Monde*, p. 478.
(4) *Nouveau Monde*, p. 177.
(5) *Nouveau Monde*, p. 478.
(6) *Association domestique*, 1, p. 52 et suiv.
(7) *Théorie des Quatre Mouvements*, p. 45.
(8) *Théorie des Quatre Mouvements*, p. 41.
(9) *Association domestique*, 1, p. 533. — *Quatre mouvements*, p. 56.
(10) *Association domestique*, p. 534.

se répondront d'un astre à l'autre dans une langue dont ils auront trouvé le secret et réaliseront ainsi le règne de l'HARMONIE UNIVERSELLE dans le sens le plus complet de ce mot, puisqu'elle embrassera l'univers tout entier... dites-moi, je vous prie, si jamais fumeur d'opium ou mangeur de haschich a vu passer dans ses rêves de plus fantastiques visions ?

La vie de Fourier n'a guère été moins bizarre que ses idées. Il avait 17 ans quand la Révolution française a éclaté : il est mort sous le règne de Louis-Philippe et, par conséquent, il a assisté à toute cette période si agitée de notre histoire et qui a si profondément remué tous ceux qui en ont été les témoins.

Or, il ne paraît pas y avoir prêté la moindre attention ; rien dans ses écrits n'indique qu'il se soit aperçu qu'il y avait eu, de son vivant, une Révolution française, un Empire, un Waterloo, une Restauration, une Révolution de 1830. La distraction paraît un peu forte, mais il était, en effet, prodigieusement distrait, parlant tout haut dans la rue, restant des nuits sans dormir. Il faut dire aussi qu'il considérait les questions politiques comme de nulle importance à côté des questions sociales, en quoi il n'avait pas tout à fait tort, et il nous a prouvé par son exemple que l'on peut être bon démocrate et même bon socialiste sans s'occuper de politique, et que c'est peut-être même la meilleure façon de l'être. Mais il faut avouer que cette façon-là n'est pas commune.

Petit employé de magasin, « sergent de boutique », comme il se désignait lui-même, la plus grande partie de sa vie s'est écoulée dans les emplois les plus obscurs, et le reste a été absorbé par la publication de quatre ou cinq énormes volumes et la préparation de beaucoup d'autres qui n'ont jamais vu le jour. Homme exact, ponctuel, méticuleux, poussant l'amour de la symétrie jusqu'à la manie, d'une probité à toute épreuve, d'une charité inépuisable, d'un entêtement que rien ne pouvait vaincre ou, si vous préférez, d'une foi que rien ne pouvait ébranler ; ne connaissant d'autre passion que celle des fleurs, dont il avait rempli sa chambre et à travers lesquelles les visiteurs ne parvenaient pas à se frayer un passage, ayant toutes les manies des vieux garçons ou, pour mieux dire, des vieilles demoiselles, en particulier celle des chats, dont il avait rempli sa cour et auxquels il distribuait des repas à heure fixe ; n'ayant pas ri une seule fois et trouvé mort un beau matin dans la chambre d'un hôtel garni, — telle fut la vie et la mort de Charles Fourier.

Comme tous les inventeurs, il passa sa vie à attendre quelque capitaliste qui eût assez d'argent et surtout assez de confiance pour être disposé à tenter un essai de son système. Il avait même fait annoncer naïvement qu'il serait chez lui tous les jours, à partir de midi, pour recevoir ceux qui voudraient lui apporter les fonds nécessaires. Et pendant vingt ans — ce trait vous peindra l'homme — il ne manqua jamais de rentrer chez lui au coup de midi, pour être prêt à recevoir ce visiteur, qu'il attendait toujours et qui jamais n'est venu !

Mais alors, me demanderez-vous peut-être, pourquoi suis-je venu vous entretenir ce soir d'un pareil original ? Par les jours sombres que nous traversons, avec le chômage dans l'atelier et la misère dans la rue, le temps et le lieu paraissent mal choisis, en vérité, pour s'occuper de folies !

Il est vrai : aussi mon intention n'est-elle pas de vous entretenir ce soir des divagations de Charles Fourier, mais de ce que j'ai appelé ses prophéties, j'entends par là des vérités qu'il a devinées, pressenties, révélées, car cet homme-là, malgré sa folie, ou peut-être à cause même de sa folie, a sur bien des points devancé son siècle et parlé le langage de la plus haute raison. Humiliante infirmité de notre pauvre nature humaine, que de tours elle nous joue ! Que de fois elle se plaît à placer la vérité dans la bouche des insensés, et la sottise dans celle des sages !

Celui-là donc qui, en lisant les œuvres de Fourier, rebuté par les extravagances dont je viens de vous donner quelques échantillons et par le style inintelligible de l'auteur, jetterait le livre au panier comme un fatras inutile, celui-là serait plus fou que Fourier lui-même. Il prêterait à rire autant que ce voleur dont un auteur de l'antiquité nous raconte la curieuse histoire et qui, venu chez un Athénien pour lui dérober ses trésors et ses statues de prix, fut tout désappointé en ne trouvant qu'une statuette de terre cuite grossière qui lui parut sans valeur et qu'il rejeta avec dédain. Il ne savait pas, l'ignorant ! que les anciens avaient coutume d'enfermer les statues de leurs dieux d'or, d'argent ou d'ivoire, sous des enveloppes d'argile représentant la figure grotesque d'un faune ou d'un sylvain, et que s'il avait su briser ce moule informe, il en aurait vu jaillir l'image étincelante d'une divinité !

Celui-là aussi qui, dans l'œuvre de Fourier ne s'arrêtera

pas à l'enveloppe, mais saura briser cette sorte de gangue, sera émerveillé en voyant que de pierres précieuses, que de vérités étincelantes elle recèle !

Jugez-en vous-même, voici une poignée de prédictions que je prends au hasard.

C'est Fourier qui a affirmé, ce qui a beaucoup fait rire alors (c'était en 1808), que bientôt, on pourrait, dans une même journée, partir le matin de Marseille, déjeuner à Lyon et dîner le soir à Paris. (1)

C'est Fourier qui a annoncé comme prochain le percement de l'isthme de Suez et de celui de Panama, « par des canaux, disait-il, où les plus grands navires pourraient passer » (2), et qui a annoncé la formation d'immenses *armées industrielles,* composées de milliers d'hommes, pour exécuter à la surface du globe de grands travaux d'utilité publique, notamment la transformation du grand désert d'Afrique. Le capitaine Roudaire, mort il y a quelques années, au début de ses travaux pour creuser une mer intérieure en Tunisie, était justement un disciple de l'école phalanstérienne.

, C'est Fourier qui a annoncé que l'on pourrait un jour, par une culture appropriée et des reboisements intelligents, arrêter les inondations, régulariser le régime des pluies et des vents, et modifier par là le climat d'un pays quelconque (3).

C'est lui qui a annoncé, fort justement, à mon avis, que l'agriculture, encore barbare de nos jours, devait se transformer en horticulture, arboriculture et pisciculture, et que là était la solution de la plupart des difficultés de l'heure présente (4).

Dirons-nous encore que c'est Fourier qui a énoncé cette grande vérité, que les historiens et les jurisconsultes de notre temps ont plus d'une fois vérifiée, à savoir que le progrès de la civilisation se mesure en général sur les progrès de la condition et des droits de la femme (5) ?

Je passe (6) Mais cette idée même que vous vous efforcez de

---

(1) *Association domestique,* I, p. 529.

(2) *Quatre Mouvements,* p. 46.

(3) *Association domestique.* I, p. 68.

(4) *Association domestique* II, pages 114, 116, 360 et *passim.* — *Nouveau Mond.,* p. 135, 137 et *passim.*

(5) *Quatre Mouvements,* p. 132.

(6) La mobilisation du sol, la substitution des règlements par compensation aux paiements en numéraire, les mesures internationales pour l'unification des poids et mesures, la constitution d'une langue universelle (une sorte de volapük), la protec-

mettre en pratique, ouvriers de l'*Abeille Nimoise* et qui nous réunit ici ce soir, cette idée de l'association coopérative, on peut dire que c'est Fourier qui en a été l'inventeur. C'est lui du moins qui, comme vous allez en juger, en a tracé tout le plan et prévu tous les résultats. Voilà pourquoi j'ai choisi ce sujet, un peu bizarre à première vue ; c'est qu'en vous entretenant des idées de Fourier sur l'association, c'est de votre œuvre, en réalité, que nous allons nous entretenir, et en apprenant ce soir quels étaient les vastes espoirs qu'il fondait sur l'association, alors peut-être l'avenir que vous préparez par vos efforts, vous paraîtra valoir la peine d'être réalisé.

I

Et d'abord comment cette idée de l'association a-t-elle germé dans le cerveau de Fourier ? Vous savez que les grandes idées tiennent souvent à de petites causes. On raconte que le grand astronome Newton conçut la première idée de l'attraction universelle en regardant tomber une pomme d'un arbre. Fourier, qui aimait beaucoup à se comparer à Newton, parce

tion des animaux, l'importance grandissante des phénomènes magnétiques et suggestifs, le développement du goût et de la culture des fleurs, et bien d'autres prévisions plus ou moins en voie de se réaliser, se trouvent pêle-mêle dans le prodigieux chaos de l'œuvre de Fourier.

Fourier a été en un sens le premier des anarchistes, des anarchistes débonnaires. Sa thèse, en effet, c'est que tous les instincts de l'homme, toutes ses passions, même tout ce que la morale civilisée appelle bien à tort ses *vices*, sont bons en eux-même et ne deviennent mauvais que précisément parce qu'on cherche sottement à les réprimer. Laissez-les libres et ils deviendront — comme Dieu qui les a donnés à l'homme le voulait — des « ressorts d'harmonie. » Oui, même l'inconstance en amour, le goût du luxe, la gourmandise, l'amour du désordre et de la saleté chez les enfants, tout cela a sa raison d'être et peut être utilement employé. Pour ne prendre comme exemple que la gourmandise, Fourier nous montre qu'elle doit devenir une nécessité dans un régime industriel où la production consistera surtout en fruits, légumes, etc., d'espèces très diverses et très fines, et qui exigeront, pour être appréciés, un grand raffinement de goût chez les consommateurs. Il explique que si les enfants préfèrent à leur goûter des confitures à du pain sec, c'est que la Providence en leur donnant cet instinct a très bien su ce qu'elle faisait : elle a prévu le jour où l'agriculture, c'est-à-dire la production du blé, serait remplacée par l'arboriculture, c'est-à-dire par la production des fruits, et d'avance elle avait associé à cette fin les goûts naturels des hommes... Et l'auteur continue ainsi à perte d'haleine avec un mélange d'extravagance et de folie tout à fait divertissant et qui fait penser aux harangues que débitait don Quichotte dans la Sierra-Morena aux chevriers émerveillés.

qu'il prétendait avoir découvert comme lui la loi de l'attraction universelle, nous raconte que ce fut une pomme aussi qui lui donna l'idée de sa théorie (1). Etant encore très jeune et ayant fait le voyage de Normandie à Paris, il alla dîner dans un restaurant de la capitale où, pour son dessert, on lui fit payer une pomme dix sous. Or, quelques jours auparavant, il avait vu ces mêmes pommes se vendre en Normandie, où, vous le savez, on cultive beaucoup de pommiers, à raison de deux sous la douzaine ! Ce fait qu'un même objet pouvait être revendu soixante fois plus cher que son prix de production, lui révéla l'existence dans la société d'un mécanisme défectueux, d'un vice caché qu'il se promit de découvrir et de guérir.

Ce vice, en effet, existe et il n'est jamais apparu plus clairement que dans ces temps-ci.

Quand il vous arrivera de rencontrer un producteur quelconque, propriétaire ou fabricant, demandez-lui : Les affaires marchent-elles ? — « Pas du tout, vous répondra-t-il : tout est à si bas prix, blé, vin, laine, mouton ou étoffes, qu'il n'y a plus de moyen de vendre. Si ça doit continuer de la sorte, je préfère fermer l'atelier, dit le fabricant, — ou laisser ma terre en friche, dit le propriétaire. »

Ainsi éconduit de ce côté, allez trouver alors un consommateur quelconque, un rentier ou simplement une brave mère de famille, et dites-lui : « Eh bien ! vous ne devez pas dépenser gros par le temps qui court ? Tout est à si bon compte maintenant ; les producteurs ne font pas même leurs frais ! » Elle vous répondra : « Vous vous moquez du monde. Jamais je n'ai dépensé davantage : viande, lait, beurre, légumes, loyers, tout est hors de prix, et si ça doit continuer de la sorte, il n'y aura bientôt plus moyen de vivre ! »

Voilà qui est curieux, vous direz-vous sans doute ! D'un côté des producteurs qui crient misère de vendre toujours à bas prix ; de l'autre, des consommateurs qui crient misère d'acheter toujours plus cher ! Alors tout l'argent qui sort de la poche des acheteurs, s'il ne va pas dans la poche des producteurs, où passe-t-il donc ?

---

(1) Manuscrit de Fourier. Rapporté par Pellarin. *Vie de Fourier*, p. 41. — Il faisait observer à ce propos qu'il y avait eu dans le monde quatre pommes célèbres : deux funestes, celle d'Eve, qui avait provoqué la chûte, et celle de Paris, qui avait provoqué la guerre de Troie ; — deux bienfaisantes, celle de Newton et la sienne !

Il n'y a qu'une explication possible : il doit rester dans la poche des intermédiaires. Entre le producteur qui offre son produit au public et le public qui tend la main pour le recevoir, s'interposent dix, vingt intermédiaires qui font la chaîne, et chacun se fait payer.

Mais voici qui est plus fort encore ! Très satisfait de votre explication, vous allez trouver l'un de ces intermédiaires, épicier, boucher, boulanger, marchand de charbon, et vous lui dites : « C'est donc vous qui êtes la cause de tout le mal ? Vous achetez au propriétaire ou au fabricant à si bas prix qu'il est en train de se ruiner, et vous vendez au consommateur si cher qu'il se ruine également. C'est vous qui touchez la différence et vous devez faire rondement fortune à ce métier-là ? — Hélas ! ne manquera-t-il pas de vous répondre, quelle erreur est la vôtre ! Sur dix que nous sommes dans cette rue, il y en a peut-être un ou deux qui font de bonnes affaires ; il y en a deux qui sont à la veille de faire faillite et les autres gagnent tout juste leur vie. »

Et, chose étonnante, ils ont tous raison et vous aussi ! Vous n'avez pas tort quand vous croyez que c'est aux intermédiaires qu'est dûe l'énorme différence entre le prix de revient et le prix de vente. Mais il est très possible qu'il dise vrai aussi, le marchand, quand il déclare que les intermédiaires ne gagnent rien. Et pourquoi ? Tout simplement parce que ces intermédiaires sont si nombreux et se font un telle concurrence les uns aux autres qu'il ne leur reste aucun profit. Et non seulement, pour se rattraper, ils sont obligés de vendre cher, mais encore de mauvaise qualité.

La situation est donc telle que tout le monde en pâtit et personne n'en profite. Le producteur ne fait pas ses frais, le consommateur dépense plus qu'il ne peut payer et l'intermédiaire gruge les deux sans y rien gagner lui-même.

En vous promenant dans les rues d'une ville, ici ou ailleurs, vous êtes-vous amusé à compter, comme je l'ai fait quelquefois, le nombre de magasins faisant le même commerce qui se trouvent dans une même rue ? Ils sont là souvent cinq, six, sept à la file, épiciers, marchands de gants, cafetiers, attendant patiemment, comme les araignées qui attendent une mouche, un client qui ne vient pas souvent. J'ai relevé sur l'Annuaire de Montpellier, pour une population de 70.000 habitants et la population de Nîmes étant la même, je suppose que les chiffres ici doivent être à peu près pareils), le nombre des marchands dans toutes les catégories. En voici un aperçu.

Or, il faut bien que chacun paie son loyer, ses impositions, l'intérêt des marchandises qu'il a en magasin, son mobilier; il faut que le plus grand nombre d'entre eux paient un salaire à quelques employés — au moins 1.200 employés en n'en comptant qu'un par patron (les uns n'en ont point, mais d'autres en ont plusieurs), — et il faut enfin que tous ces frais payés, chacun par-dessus le marché gagne assez pour vivre lui et les siens.

Et ceci est vrai non pas seulement pour quelques denrées, mais pour tous les produits qui entrent dans la consommation. On calcule que les intermédiaires, les commerçants, renchérissent de 35 p. 0/0 en moyenne, soit de plus d'un tiers, le prix de toutes choses, le coût de la vie. Comme les 38 millions de français qui vivent en France dépensent pour vivre de 25 à 30 millards, ce serait 9 à 10 milliards, trois fois le montant de l'impôt ! qui seraient ainsi payés par le public, sans profit pour personne, je le répète, pas même pour ces intermédiaires.

Eh bien ! voilà le mal qui avait frappé Fourier et qu'il avait dénoncé le premier avec une force et une justesse qui n'ont pas été surpassées depuis :

« Nous sommes, en fait de mécanisme industriel, aussi neufs que des peuples qui ignoreraient l'usage des moulins et qui emploieraient cinquante ouvriers à triturer le grain que broie aujourd'hui une seule meule. La superfluité d'agents est partout effrayante et s'élève communément au quadruple du nécessaire dans tous les emplois commerciaux... Il y a dans la seule France un million d'habitants (1) enlevés à la culture et aux fabriques par l'affluence d'agents que crée la libre concurrence... »

Mais il ne s'est pas contenté de signaler le mal, il a indiqué le remède et lequel ? L'ASSOCIATION. Il voulait créer des associations assez nombreuses, de 400 familles environ, qu'il appelait *comptoirs communaux*, et qui devaient plus tard, en se

---

(1) Fourier était encore loin de compte ! Aujourd'hui le nombre des commerçants, c'est-à-dire des intermédiaires, s'élève à 4,600,000 !

développant, se transformer en phalanstères, et dont il définit les fonctions de la façon suivante :

« Les principaux avantages de ces établissement seraient de procurer à chaque individu toutes les denrées indigènes ou exotiques au plus bas prix possible, en l'affranchissant du bénéfice intermédiaire que font les marchands ou agioteurs. »

Et maintenant, je vous le demande, que sont vos Sociétés de consommation, sinon la réalisation de ce programme tracé de main de maître ? Quelles sont donc les fonctions des Sociétés coopératives de consommation, sinon de se procurer les denrées en gros et de les distribuer en détail entre leurs membres, en les faisant bénéficier des profits qui seraient restés sans cela entre les mains des marchands ?

Cette suppression des intermédiaires, des parasites, qui tenait tant à cœur à Fourier, vous commencez donc à la réaliser déjà. Et vous la réaliserez bien mieux encore quand la Fédération des Sociétés coopératives de France aura pris assez d'extension pour vous permettre de faire vos achats directement au propriétaire ou au fabricant. Et si un jour même, il est donné à cet organe coopératif, comme à la grande fédération coopérative de Manchester, de faire pour une centaine de millions de francs d'affaires par an, d'armer une flotte d'une demi-douzaine de navires et d'aller chercher la marchandise sur les lieux mêmes de production, c'est-à-dire là où on peut se la procurer à meilleur compte : le blé à Chicago, la viande à Buenos-Ayres, le café à Java, le thé à Sanghaï, la laine à Melbourne..., ce jour-là le mal que Fourier signalait avec tant de force aura disparu. Les Sociétés de consommation auront dégrevé non seulement la classe ouvrière, mais le pays tout entier d'un poids mort énorme. — La première prophétie de Fourier aura été réalisée !

II

Mais l'association, dans l'idée de Fourier, devait avoir un caractère beaucoup plus large que celui d'une simple association commerciale pour l'achat et la distribution des denrées,

Elle devait réunir tous les associés dans une vie commune et sous un même toit, dans un vaste établissement, très vaste, puisqu'il devrait abriter 400 familles, soit 1.600 personnes environ, auquel il donnait le nom resté célèbre de *phalanstère*, et que nous appellerons plutôt aujourd'hui une *cité*. Fourier en a même donné les plans et est entré à cet égard dans les détails les plus minutieux.

Ce nom de phalanstère est à peu près la seule chose que connaisse le public de l'œuvre de Fourier, et il a suffi pour imprimer sur le système tout entier je ne sais quel cachet d'étrangeté et de mystère. J'ai entendu plus d'une fois des bourgeois prononcer ce mot avec une sorte d'épouvante.

En réalité, le phalanstère est la chose du monde la plus connue et la moins effroyable. C'est tout simplement un hôtel, un grand et magnifique hôtel comme ceux que l'on trouve dans les villes de Suisse ou dans les grandes villes d'eaux, avec des appartements, des chambres de tous les prix, depuis 30 sous jusqu'à 50 francs par jour. Dans le phalanstère il ne devait rien y avoir qui ressemblât au couvent ou à la caserne. Chacun devait avoir un appartement séparé, à son choix et selon sa bourse. Il devait y avoir, comme dans tous les hôtels, des tables communes, des tables d'hôte comme nous disons, mais elles devaient être de trois classes différentes ; et même ceux qui n'auraient pas voulu prendre leurs repas à la table commune auraient la liberté de se faire servir à la carte ou de se faire porter leurs repas dans leur appartement, avec un supplément de prix naturellement.

J'ai passé cet été quelques semaines dans une localité de la Suisse où l'on va prendre des bains, à Schinznach. Tout le monde était logé dans un grand établissement où il y avait à la fois des chambres de tous les prix, des salles à manger avec des tables d'hôte de trois classes différentes, des salles de restaurant, un théâtre, une église, une bibliothèque, une salle de lecture, une salle de jeux, un magasin de papeterie et de mercerie, un jardin pour les légumes, des serres pour les fleurs, une étable pour les vaches, un établissement pour faire du beurre — et j'ai pensé que c'était là tout à fait le phalanstère rêvé par Fourier. La seule différence, c'est que les gens qui étaient là, au lieu d'y passer leur vie, n'y passaient que quelques semaines, et au lieu de travailler, n'y faisaient rien... que boire de l'eau.

Le phalanstère n'est donc pas une idée extravagante en soi ni même absolument irréalisable. Seulement, on ne s'explique pas à première vue pourquoi Fourier y attachait tant d'importance et pourquoi il pensait que tous les hommes finiraient un jour par vivre dans une sorte d'hôtel ?

La première raison qu'il en donne, c'est une raison de même ordre que celle que nous avons étudiée tout à l'heure, une raison d'économie.

Ceci peut surprendre au premier abord, car nous n'avons pas l'habitude d'aller à l'hôtel pour faire des économies ! C'est qu'ils ne sont pas organisés pour cela. Et encore si des bourgeois renonçaient à leur logement, domestiques, train de maison, etc., pour passer toute leur vie à l'hôtel en pension, ils y trouveraient certainement une économie même aujourd'hui ! C'est ce que font beaucoup d'Anglais. En tout cas il est facile de comprendre que si dix, cent, ou même quatre cents familles, c'est le chiffre que fixait Fourier, s'associaient pour se loger et se nourrir en commun, elles réaliseraient une grande économie, plus grande encore peut-être que celle qui pourrait résulter de la suppression des intermédiaires.

« On est ébahi quand on évalue le bénéfice colossal qui résulterait de ces grandes associations. A ne parler que du combustible, devenu si rare et si précieux, n'est-il pas certain que dans les emplois de cuisine et de chauffage, l'Association épargnerait les sept huitièmes du bois que consomme le système actuel, le mode incohérent et morcelé qui règne dans nos ménages ? » (1)

Le fait est incontestable, en effet. Il est clair qu'il en coûterait infiniment moins de faire la cuisine pour mille personnes mangeant ensemble que pour mille mangeant séparément. Il faut, comme le dit très bien Fourier, beaucoup moins de bois pour faire bouillir une immense marmite que pour en faire bouillir mille petites. Il en coûte moins de faire construire une maison assez grande pour loger cent familles que de construire cent petites maisons, chacune pouvant recevoir une famille, et ainsi de tout le reste.

La vie par ménage isolé, telle qu'elle est pratiquée dans nos pays et nous pourrions même dire dans tous les temps et dans tous les pays, constitue donc, d'après Fourier, un effroyable gaspillage et peut être rangée parmi les principales causes de la misère dans les sociétés humaines. Or de même que

____

(1) *Association domestique*, I. p. 9.

l'Association de consommation est le remède indiqué contre le premier mal, l'*Association domestique*, comme il l'appelle, est le remède indiqué pour le second.

Sommes-nous appelés à voir cette seconde prophétie se réaliser comme la première ?

Je le crois, ou plutôt, devrais-je dire, je le crains, car cette perspective est loin de me ravir. Oui, je crois que les exigences croissantes de la vie quotidienne forceront les gens, dans un avenir plus ou moins éloigné, peut-être plus ou moins rapproché, à se réunir, à se grouper dans des espèces d'hôtels, cités, caravansérails ou phalanstères, comme vous voudrez les appeler, où ils logeront sous le même toit, mangeront plus ou moins à la même table et auront une foule de services communs, tels que salles d'asile ou crèches pour les enfants, cercles, bibliothèques, etc.

Les classes ouvrières en arriveront là par les causes suivantes : d'abord par suite du renchérissement croissant des loyers, et aussi par suite de ce fait que les femmes étant appelées à travailler de plus en plus à l'atelier, au magasin, au bureau, ou dans une profession quelconque, pourront de moins en moins s'occuper de leur ménage. Il faudra donc bien trouver le moyen d'installer une cuisine en commun pour préparer les repas des ménages, puisqu'ils ne pourront l'apprêter eux-mêmes, et peut-être aussi une crèche pour garder les enfants en l'absence des mamans.

Au reste, ceci est déjà réalisé en France dans un établissement célèbre, je veux parler du *Familistère* fondé précisément par un disciple de Fourier, M. Godin. Là, 1800 ouvriers environ vivent réunis dans des conditions d'économie, au point de vue du logement et des services domestiques, qu'aucune autre combinaison ne pourrait leur procurer. Ils trouvent là non seulement le logement, mais une crèche ou plutôt une nourricerie pour la garde des enfants, et aussi un théâtre, bibliothèque, salles de jeux, etc. Il y a des magasins qui fournissent chaque associé de tout le nécessaire. Mais il n'y a pas de table d'hôte : chacun fait son ménage chez soi. A ce point de vue l'économie sur les frais de cuisine n'est pas réalisée. Mais rien n'empêcherait d'y installer un restaurant. M. Godin l'a déjà essayé et n'y a renoncé que par des causes tout à fait accidentelles.

« Ce système-là peut être bon pour les ouvriers, pensent peut-être les bourgeois qui m'écoutent, mais non pas pour nous ». Eh bien ! je crois au contraire, que les classes riches en arriveront à un genre de vie analogue, non pas peut-être par raison d'économie, mais par une autre raison toute différente : par l'impossibilité de trouver des domestiques. Déjà aujourd'hui il est très difficile dans les familles bourgeoises de trouver des personnes qui soient disposées à entrer en service, et le plus souvent on est réduit à faire venir des bonnes de Suisse ou d'Allemagne. Plus on ira et plus la répugnance des hommes ou même des femmes à entrer dans la domesticité s'accentuera. A vrai dire, je ne saurais les en blâmer : la domesticité est une institution qui a eu ses beaux jours, mais qui devient de jour en jour plus incompatible avec notre état social et tend aujourd'hui à dépraver à la fois le maître et le serviteur. Eh bien ! quand le jour sera venu où l'on ne trouvera plus, à quelque prix qu'on les paie, ni cuisinières, ni femmes de chambre, ni cochers, que feront les bourgeois ?

Sans doute, les inventions mécaniques permettront de remplacer de plus en plus les services des domestiques par la domestication de forces naturelles beaucoup plus complaisantes et beaucoup plus fidèles. Vous entrerez chez vous le soir, vous presserez un bouton ; voilà votre escalier, ou votre vestibule, ou votre chambre qui s'éclaire à votre choix. Vous tournerez un, deux, trois robinets, vous aurez de l'eau chaude, ou froide, ou tiède à votre gré. Vous parlerez au téléphone qui sera dans votre chambre et vous demanderez à votre épicier ou à votre boucher de vous apporter tel ou tel objet. Dans ces conditions le service peut se trouver réduit à bien peu de chose et certainement l'avenir trouvera mieux encore.

Mais cependant il sera toujours difficile d'inventer une machine pour faire la cuisine, ou même pour faire son lit, ou pour brosser son paletot. Dès lors si l'on ne trouve plus de domestiques pour ces différents services, il ne restera plus aux bourgeois qu'une ressource, ce sera d'aller à l'hôtel (1).

Je suis sûr que cette idée fait hausser les épaules à bon nombre de mes auditeurs. Pourtant, elle commence déjà à se réaliser dans certains pays et notamment aux Etats-Unis. Aux Etats-Unis, les mœurs démocratiques et égalitaires sont si développées qu'un Américain ne consentira jamais à en servir un autre. Heureusement qu'il y a les nègres dans le Sud et

---

(1) Il y a bien sans doute une domesticité indispensable au fonctionnement des hôtels ; mais celle-ci a un caractère impersonnel et collectif. Fourier d'ailleurs espérait la remplacer par l'échange de services volontaires et gratuits.

les Chinois dans l'Ouest qui n'ont pas les mêmes répugnances et remplissent encore ces fonctions ; mais dans le Nord où il n'y a guère ni nègres ni chinois, la difficulté que je vous signalais tout à l'heure se présente dans toute sa force, et beaucoup de jeunes ménages n'ont trouvé d'autre moyen d'en sortir que celui de s'installer à l'hôtel pour la vie ou du moins pour de longues années. Et à Paris et Londres beaucoup de célibataires passent leur vie au cercle ou au club où ils trouvent, grâce à l'association, un luxe d'installation et d'alimentation qu'ils ne pourraient se procurer chez eux. Ces *clubmen* sont déjà des phalanstériens, et voilà comment nous finirons nous aussi par aller au phalanstère.

Cette perspective ne vous sourit pas beaucoup ? Eh bien ! à moi non plus, je l'avoue. Si, en effet, la vie d'hôtel est amusante en passant, elle devient fort ennuyeuse à la longue. Je ne me soucierais guère pour mon compte et je pense que vous ne vous soucieriez pas beaucoup non plus, de passer toute votre vie dans un hôtel, si somptueux qu'il fût. Chaque homme, pauvre ou riche, aime bien à avoir son chez soi, son petit coin où il puisse venir se reposer de ses travaux ou même de ses plaisirs, où il puisse se soustraire justement à ce coudoiement et à cette promiscuité de la foule des étrangers et des indifférents. Ce n'est pas, il est vrai, l'opinion de Fourier, et voici comment il s'exprime à cet égard :

« Un père de famille dira en lisant mon système : « Mon
« plaisir est de dîner avec ma femme et mes enfants et quoi
« qu'il arrive, je conserverai cette habitude qui me plaît. »
« C'est fort mal jugé ; elle lui plaît aujourd'hui, mais quand il
« aura vu deux jours les coutumes d'Harmonie, il renverra au
« bercail sa femme et ses enfants, qui, de leur côté, ne deman-
« deront pas mieux que de s'affranchir du morne dîner de
« famille. » (1).

Il n'y a qu'une excuse aux lignes que je viens de lire, c'est que celui qui les a écrites était un vieux garçon qui, en parlant du dîner de famille, parlait de ce qu'il ne connaissait pas. Mais je plaindrais, en vérité, le père de famille qui trouverait plus agréable de s'asseoir chaque jour à la file le long d'une table d'hôte, cette table fût-elle à dix ou douze services, que de s'asseoir en compagnie de sa femme et de ses enfants autour

---

(1) Associat. domest., II. p. 25.

de la table de famille, n'y eût-il sur cette table que la soupe et du pain bis ! Et si cette société nouvelle, si ces coutumes d'Harmonie, comme les appelle Fourier, doivent avoir pour conséquence la suppression du foyer domestique et de tout ce que ce mot embrasse en fait de bonheur intime et de dignité morale, j'estime que ce confort qu'on nous promet sera vraiment payé bien cher !

Mais, après tout, qu'importe nos regrets ! Ils ne changeront pas le cours des choses, et l'avenir sera ce qu'il doit être, non point ce que nous voudrions qu'il fût ! Nous constatons tous les jours que la vie de famille, si fortement constituée du temps de nos aïeux, s'est déjà de nos jours singulièrement affaiblie. Il est possible, il est même probable que cette évolution ne fera que s'accentuer et que la vie de famille ira s'affaiblissant et se dispersant de plus en plus dans la grande vie sociale et publique, et que cette petite association, qui s'appelle le foyer de famille, sera de plus en plus absorbée par les grandes associations collectives. On dit toujours que l'avenir vaudra mieux que le présent, et en ce qui touche le confort et le bien-être, je ne doute pas en effet que la société future ne soit très supérieure à la nôtre ; mais par d'autres côtés peut-être vaudra-t-elle beaucoup moins et peut-être, en tous cas, ne répondra-t-elle guère à l'idée que nous nous faisons présentement du bonheur. Les sociétés humaines et les mœurs se transforment sans cesse : dans la nature chaque printemps fait refleurir toujours les mêmes roses, mais, dans l'histoire de l'humanité il est bien des fleurs qui, après avoir enchanté les générations passées charment encore la nôtre, et que jamais plus on ne verra refleurir !

Cependant, pour ne pas vous laisser sous cette impression mélancolique, je me hâte de vous dire que nous pourrons commencer à réaliser les économies que rêvait Fourier, sans en être réduits à nous entasser tout de suite dans un phalanstère.

Quelles étaient, en effet, les économies que Fourier avait surtout en vue? Celle de la cuisine d'abord. Eh bien ! on peut très bien avoir des fourneaux qui prépareraient le déjeuner et le dîner pour tout le monde, laissant à chacun la faculté de manger sa portion sur place ou de l'emporter chez soi. Un philanthrope anglais, le capitaine Wolff, a fondé récemment à Londres, à Birmingham, à Liverpool, d'immenses cuisines publiques avec des fourneaux qui coûtent 20.000 francs chacun et fournissent chaque jour un menu excellent à raison de 0 fr. 40 le repas, pain non compris (1).

A ce prix, les capitalistes qui ont fondé l'entreprise réalisent encore de très jolis bénéfices, 16 à 17 p. 0/0. Si donc ces cuisines étaient sous la forme coopérative, elles pourraient réaliser les mêmes bénéfices, ou, si elles le préféraient, réduire encore le prix des portions déjà si bas. Je ne doute pas que ce ne soit là un perfectionnement auquel arriveront un jour les Sociétés de consommation. Les coopérateurs finiront par faire ce compte qu'au lieu d'acheter des côtelettes, des œufs, des pommes de terre pour les apprêter plus ou moins bien chez eux, il serait beaucoup plus avantageux d'acheter la côtelette toute grillée, les pommes de terre toutes frites, les œufs sous forme d'omelette ; ce serait plus commode, meilleur et bien moins cher. On en viendra là, surtout pour la famille ouvrière où la femme va à la fabrique et n'a pas le temps de faire la cuisine.

Quelle autre économie voulait encore réaliser Fourier par son phalanstère ? — Celle de la garde des enfants. Eh bien ! ici encore on peut réaliser ce désidératum sans bâtir un phalanstère.

Il existe dans bien des villes des établissements qu'on appelle des crèches, salles d'asile, etc., dans lesquels tout comme dans le *pouponnat* et le *bambinat* de Fourier, on garde les enfants pendant que les mères travaillent. Ces institutions ont en général un caractère philanthropique, mais elles pourraient rentrer aussi dans le cadre des associations coopératives.

Vous voyez donc que la seconde prophétie de Fourier tend à être réalisée à l'aide d'institutions séparées, qui peuvent toutes rentrer plus ou moins dans la sphère des associations coopératives, mais qui ne supposent pas nécessairement la vie en commun et nous ne conduisent pas nécessairement au phalanstère.

En tout cas, si nos petit-fils doivent y aller un jour, peut-être s'en accommoderont-ils mieux que nous !

---

(1) Il existe aussi dans diverses villes de France, et notamment à Grenoble, des institutions analogues.

III

La phalange, dans le système de Fourier, ne devait pas être simplement une Association de consommation pour vivre à meilleur compte : elle devait être aussi et surtout une association pour la production en commun, soit de denrées et articles qui devaient être consommés par les associés, soit de marchandises pour la vente.

Et cette Association pour la production devait avoir pour conséquence *l'abolition du salariat*. Comment devait-elle produire un si grand changement ?

L'industrie moderne ne connaît que deux modes de production :

Dans la petite industrie ou dans la petite culture, le travailleur produit isolément et pour son propre compte : il vend directement au public le produit de son travail. Tel est le cas du paysan qui cultive son coin de terre ou du petit cordonnier qui travaille dans sa boutique.

Dans la grande industrie ou la grande culture, les travailleurs, réunis au nombre de quelques centaines, parfois même de quelques milliers (les mines d'Anzin ou les ateliers du Creuzot occupent plus de 10.000 ouvriers), travaillent pour le compte d'un patron, — simple particulier ou grande Compagnie, il n'importe. Ce sont des salariés.

Or chacun de ces deux modes de production présente de graves inconvénients.

Le premier, la production individuelle, se prête mal aux exigences de l'industrie moderne, qui, tant à cause des machines que de la division du travail, exige le concours d'un nombre croissant de bras.

Le second, la production par des travailleurs salariés, est pire. Je ne dirai point, empruntant le langage du jour, que ces grands ateliers sont des bagnes dans lesquels les travailleurs sont exploités par les capitalistes et que le salariat n'est qu'une aggravation de l'esclavage et du servage, — je dirai seulement que dans ce système le travailleur ne donnera jamais tout ce qu'il peut donner en fait d'énergie et de capacité productive, parce que l'expérience comme le bon sens démontrent que l'homme n'apporte jamais autant de soin et autant de cœur à l'ouvrage qu'il fait pour le compte d'un autre qu'à celui qu'il fait pour son propre compte. Voilà le premier vice du salariat. Et il est facile de voir encore que ce système doit créer un conflit d'intérêts inévitable entre le patron ou capitaliste, comme on voudra l'appeler, et les ouvriers salariés. L'intérêt du patron ou de la Compagnie, en effet, c'est d'obtenir le maximum de travail en échange du minimum de salaire, tandis que l'intérêt du salarié c'est évidemment d'obtenir le maximum de salaire en échange du minimum de travail, — voilà le second vice du salariat.

Heureusement il est un troisième mode de production possible, bien qu'on n'en use guère. Supposez que dix, cent ouvriers d'un même corps de métier, par exemple des imprimeurs ou des tonneliers, constituent une association. Supposez qu'ils inspirent assez de confiance pour se procurer par l'emprunt les capitaux nécessaires ou qu'ils aient assez d'énergie et de pré-voyance pour constituer petit à petit ce capital par leurs propres économies. Supposez qu'ils aient assez d'intelligence de leurs véritables intérêts pour confier la direction au plus capable d'entre eux et assez d'abnégation pour lui assurer un salaire proportionnel à l'importance des services qu'il doit rendre. Vous voyez que je suppose là un ensemble de conditions qui ne sont pas si faciles à remplir, mais qui enfin ne sont pas impos-sibles. Eh bien ! nous aurons là ce qu'on appelle une *Société coopérative de production*, et par cette association le salariat se trouvera aboli. Chacun de ces ouvriers travaillant pour le compte d'une association dont il fait lui-même partie, se trouve travailler en réalité pour son propre compte ; et les produits de l'industrie, qu'il s'agisse d'imprimés ou de tonneaux, étant vendus par l'association, il se trouve que chaque travailleur devient propriétaire, ou du moins co-propriétaire, des produits de son travail. Il recueille donc dans ce système, suivant la formule fameuse tant de fois inscrite sur les manifestes socia-listes, l'intégralité du produit de son travail. Dès lors il y a lieu de penser que le travailleur pourra porter au maximum toutes ses énergies productrices, et que d'autre part cet éternel com-bat entre le patron et les salariés cessera faute de combattants, puisqu'il n'y aura plus ni patron, ni salariés, mais simplement des associés ayant les mêmes droits et les mêmes intérêts.

Or, c'est là justement le mode de production que Fourier pré-conisait et qu'il s'efforçait de réaliser :

« L'esprit de propriété est le plus fort levier qu'on connaisse pour électriser les civilisés : on peut sans exagération estimer au double produit le travail du propriétaire, comparé au travail servile ou salarié. On en voit chaque jour les preuves de fait : des ouvriers d'une lenteur et d'une maladresse choquantes lorsqu'ils étaient à gages, deviennent des phénomènes de diligence dès qu'ils opèrent pour leur propre compte.

« On devrait donc, pour premier problème d'économie politique, s'étudier à transformer tous les salariés en propriétaires co-intéressés. » (1)

Et pour opérer cette transformation des salariés en co-propriétaires intéressés, Fourier se servait de la *phalange*.

La phalange, considérée comme association de production, était tout simplement une Société par actions. La seule différence avec les Sociétés par actions, telles que nous les voyons fonctionner aujourd'hui, c'est que dans ces Sociétés tout le capital et le matériel de la production appartiennent à des actionnaires qui ne coopèrent pas à la production par leur travail personnel et restent même le plus souvent étrangers à l'entreprise, tandis que dans la phalange tout le capital social doit appartenir aux producteurs eux-mêmes. Sans doute, au début, il faudra bien que la phalange se procure le capital qui lui est indispensable pour l'achat de terrains, constructions etc., par voie d'emprunt, c'est-à-dire en émettant des actions ou obligations qui devront être souscrites par des capitalistes ; mais Fourier espère, à l'aide de diverses combinaisons plus ou moins ingénieuses, dans le détail desquelles je ne puis entrer, que les coopérateurs ne tarderont pas à rembourser ce capital et à se substituer comme actionnaires aux actionnaires du dehors.

« Ce jour-là, le pauvre en Harmonie ne possédât-il qu'une parcelle d'action, sera propriétaire du canton entier *en participation*. Il pourra dire : nos terres, notre palais, nos châteaux, nos forêts, nos fabriques, nos usines. Tout sera sa propriété et il sera intéressé à tout l'ensemble du mobilier et du territoire. » (2).

Il ne faudrait pas croire, cependant, que, dans la pensée de Fourier, ces associations coopératives ne fussent composées que d'ouvriers, et que les riches capitalistes dussent en être éliminés. Fourier estimait au contraire, et c'était là de sa part une idée très fine et très heureuse, que ces associations ne

---

(1) *Associat. domest.*, I, p. 466.
(2) *Associat. domest.*, II, p. 78

pourraient donner leurs meilleurs résultats qu'à la condition de n'être ni exclusivement ouvrières ni exclusivement bourgeoises, mais de réunir les membres des diverses classes sociales.

« Il est bien important qu'une phalange soit composée de gens très inégaux en fortune comme en autres facultés. La phalange où les inégalités seront le mieux graduées, atteindra le mieux la perfection d'Harmonie. » (1).

Voilà donc une nouvelle prophétie d'une nature plus agréable que la précédente. Est-elle aussi en voie de se réaliser?

Je vous ai fait entrevoir tout à l'heure à combien de conditions délicates était subordonnée la réussite des associations coopératives de production. Cependant, la possibilité de leur existence se trouve démontrée par le fait qu'un certain nombre de ces associations existe déjà, soit en France, soit ailleurs, et la plus célèbre est le *Familistère de Guise*, dont nous avons déjà parlé.

Elles sont, il est vrai, beaucoup plus difficiles à constituer que les Sociétés coopératives de consommation, mais l'expérience a prouvé que le meilleur moyen d'y arriver, c'était justement de commencer par des Sociétés de consommation comme les vôtres. Le jour où vous serez solidement constitués et où vous aurez réuni un certain capital, vous vous direz peut-être qu'au lieu d'acheter votre farine chez le meunier, il serait encore plus économique d'avoir un moulin pour la fabriquer; qu'au lieu d'acheter votre linge, vos étoffes, vos chaussures, il serait peut-être plus avantageux d'avoir des ateliers et des manufactures pour les fabriquer vous-mêmes. C'est de cette façon qu'a procédé la fameuse Société des Equitables pionniers de Rochdale, la première en date des Sociétés de consommation : au petit magasin d'épicerie qui a été son berceau, elle a ajouté successivement meuneries, filatures, diverses manufactures, et est devenue ainsi une grande Société coopérative de production. Aux autres à suivre l'exemple de leur sœur aînée.

---

(1) *Associat. domest.* II, p. 570.

IV

En remplaçant le salariat par l'association, Fourier se flatte de rendre le travail plus attrayant, en quoi il voyait juste, mais une fois que cet homme avait logé une idée dans sa tête, il ne s'arrêtait pas à mi-chemin et la suivait jusqu'aux extrêmes confins de la folie. Il assurait donc que, grâce aux vertus merveilleuses de l'association, le travail dans l'avenir ne serait plus qu'un jeu, un plaisir sans mélange de peine, une vraie fête renouvelée chaque jour et dont personne ne voudrait voir la fin. Cette idée du *travail attrayant* est certainement une des plus singulières du système de Fourier et celle qui y tient la plus grande place.

Pour réaliser cette idée, il avait imaginé la combinaison suivante :

Le phalanstère ne devait pas se composer d'une grande association unique, mais d'une multitude de petites associations qu'il appelait des *séries* et dont chacune se consacrerait à une branche distincte de la production. Chaque travailleur, dans sa pensée, devait être membre de 20 ou 30 de ces petites associations, de ces séries, et il devait passer alternativement de l'une à l'autre de façon à se livrer dans la même journée à 8 ou 10 occupations différentes (1). Fourier voyait dans cette

---

(1) C'est l'idée fixe de Fourier qu'un jour viendra où les hommes abandonneront tous les travaux industriels pour se consacrer uniquement aux travaux agricoles, et que l'agriculture elle-même ne se présentera plus que sous la forme de culture maraîchère ou arboriculture. L'agriculture proprement dite, c'est-à-dire la culture du blé, est en horreur à Fourier : il reproche à cette graminée tous les vices ; — de ne pouvoir nourrir, sur une superficie donnée, qu'un trop petit nombre d'hommes, — d'imposer tant pour sa culture que pour sa transformation en pain les travaux les plus durs qui aient jamais fait gémir l'espèce humaine, ceux de la charrue, de la meule et du pétrin, — et finalement de ne donner qu'un aliment insipide bon tout au plus « pour le civilisé ! ». C'est à la culture des fruits, des légumes, à l'élevage des volailles, des abeilles, à la pisciculture, qu'il faut demander désormais la nourriture de l'espèce humaine. Seules ces cultures permettent d'obtenir sur une superficie très réduite une production d'aliments abondants, variés, savoureux et incessamment renouvelés ; seules elles égayent la terre en faisant de sa surface un jardin, le jardin d'Eden : seules surtout elles répondent aux goûts naturels de l'homme et peuvent lui faire du travail un plaisir. — Il n'y a qu'à voir avec quel amour le rentier soigne son parterre ou l'ouvrière la caisse à fleurs de sa fenêtre.

L'exemple de la Chine où toute l'agriculture a déjà pris la forme de cette culture maraîchère et celui même de la banlieue de nos grandes villes qui s'entourent d'une

variété de travaux une condition indispensable du travail attrayant. C'était d'après lui la satisfaction nécessaire de ce besoin de changement inné chez l'homme qu'il appelait pittoresquement la *papillonne*.

Et il pensait que, grâce à ce papillonnage perpétuel, jamais on n'aurait le temps de se fatiguer ni de s'ennuyer.

Voici par exemple l'emploi tracé par Fourier lui-même de la journée d'un habitant du phalanstère :

Journée de Lucas au mois de juin (1)

3 heures 1/2.	*Lever*, habiller.	
4 —	Travail, groupe écuries.	
5 —	Id. groupe jardiniers.	
7 —	*Déjeuner*.	
7 — 1/2.	Travail, groupe faucheurs.	
9 — 1/2.	Id. culture de légumes sous tente.	
11 —	Id. série des étables.	
1 —	*Dîner*.	
2 —	Travail, série des sylvains (autrement dits bûcherons).	
4 —	Id. groupe manufacture.	
6 —	Id. série arrosage.	
8 —	Séance à la Bourse.	
8 heures 1/2.	*Souper*.	
9 —	Fréquentation amusante.	
10 —	*Coucher*.	

Il s'étend d'ailleurs en maints endroits sur ce caractère particulier que prendra le travail dans ce monde nouveau qu'il rêve. Il veut que le travail y devienne attrayant même pour les animaux, « car dit-il dans le phalanstère, tout le monde doit être heureux, même les bêtes. »

Et même les riches ! faut-il ajouter, car Fourier se préoccupe aussi bien du bien-être des riches, préoccupation rare assurément chez un socialiste.

« L'erreur où sont tombés nos philosophes civilisés, c'est de croire qu'il faut travailler au bonheur des pauvres sans rien

---

ceinture de jardins grandissante, semble donner assez raison à ces prophéties de Fourier. Si comme le dit *Candide* de Voltaire, le dernier mot de la philosophie est « de cultiver son jardin », pourquoi ne serait-ce pas aussi le dernier mot de l'économie politique ?

(1) *Nouveau Monde*, p. 67-68.

faire pour les riches. On est bien loin des voies de la nature quand on ne travaille pas pour tous. » (1)

Il nous fait donc des tableaux vraiment charmants de l'existence qu'on mènera dans le monde d'Harmonie. Il nous dépeint jeunes gens et jeunes filles, enfants et vieillards, riches et pauvres, se groupant librement suivant leurs sympathies, s'adonnant au genre de travail qui les séduit le plus et le quittant pour y revenir, entrecoupant leurs occupations par des conversations, des rires, des jeux, des goûters, faisant flotter au vent les bannières et les insignes de chaque groupe, se provoquant par de pacifiques défis à qui exécutera tel ou tel ouvrage...

Mais ici j'arrête Fourier. Son imagination l'égare : voici le fou qui reparait. Fourier, cette fois, j'ose le dire, s'est terriblement trompé : il n'a pas compris le caractère sérieux du travail ; un atelier où l'on bavarde et où l'on rit est un atelier où l'on ne fera jamais rien qui vaille. Non, le travail ne sera jamais un jeu, il est et il restera toujours un devoir. Et encore que l'homme puisse et doive trouver une satisfaction austère dans le devoir accompli, cependant le travail supposera toujours une dépense de forces, une tension physique et intellectuelle qui seront, quoiqu'on fasse, peu attrayantes pour l'homme et auxquelles il ne se livrera jamais sans un combat, sans une victoire sur soi-même qui lui coûtera et dont la seule perspective suffira toujours pour faire reculer les lâches.

Et cela est vrai, non pas seulement du travail manuel, mais aussi de ce travail intellectuel que vous considérez peut-être, ouvriers qui m'écoutez, comme une simple plaisanterie à côté du vôtre. Oui, sans doute, il est pénible et dur le travail du mineur qui, au fond d'un trou noir, extrait péniblement ce charbon, richesse inestimable sans laquelle toute vie industrielle s'éteindrait, mais il est pénible et dur aussi le travail de l'homme qui tire péniblement de son cerveau les idées qui font marcher le monde ou même les fantaisies qui l'amusent et qui le soir, assis dans un bon fauteuil, fabrique des vers, compose un opéra ou seulement regarde les étoiles. Ils connaissent ceux-là aussi ces lassitudes, ces sueurs mortelles, ces angoisses du travail créateur, qui semblent en ce monde comme la condition fatale de tout enfantement, qu'il s'agisse de mettre au monde des hommes, des produits ou des idées !

Et le pourrions-nous du reste que nous ne voudrions pas,

---

(1) Manuscrits de Fourier publiés en 1852, p. 24.

pour notre part, enlever au travail ce caractère sacré qui fait la dignité de l'homme et la noblesse du travailleur, et si jamais d'autres viennent, après Fourier, vous promettre une organisation quelconque dans laquelle le travail sera transformé en plaisir, gardez-vous de les croire, car un travail sans peine sera toujours un travail sans honneur, — et j'ajoute, sans résultats! On n'arrivera jamais à la Terre promise par des chemins semés de roses. Ce n'est pas le papillon de Fourier que vous avez pris pour emblème, ouvriers de la société l'*Abeille*, parce que vous savez bien qu'en voltigeant de fleurs en fleurs ce volage ne fait point de miel, mais c'est l'abeille que vous avez choisie, parce que, s'il faut en croire ceux qui ont vécu dans son intimité, de l'aube jusqu'au soir elle ne perd pas un instant, c'est parce qu'elle travaille et ne s'amuse pas.

Et cependant, comme il n'est pas d'idée de Fourier, si folle qu'elle soit, qui ne renferme un grain de vérité, je crois qu'ici encore il y a une prévision juste et qui se réalisera, en partie (1).

Je crois qu'il serait très bon qu'un homme pût avoir plusieurs métiers et passer de l'un à l'autre selon les circonstances, non pas précisément par cette raison enfantine, qu'on s'ennuie à faire toujours la même chose et qu'il est bon de changer, — mais par d'autres raisons beaucoup plus sérieuses.

D'abord parce que rien ne développe plus la capacité d'un homme et ne lui ouvre plus l'esprit que de savoir faire des choses différentes. L'ouvrier qui passe toute sa vie à enrouler des têtes d'épingles ou à tourner des bâtons de chaise, ne peut pas avoir beaucoup d'idées.

Ensuite et surtout parce qu'il est bon, comme l'on dit, d'avoir plusieurs cordes à son arc et qu'en cas de crise ou de chômage notre homme pourrait toujours se retourner. Si une industrie ne marchait pas, peut-être que l'autre pourrait marcher. Croyez-vous que les mineurs, dont on parle tant en ce moment, ne seraient pas plus heureux, si au lieu de passer toute leur vie au fond de leur puits, ils pouvaient avoir quelque autre occupation, par exemple le jardinage, qui leur permit de passer au grand air et au soleil au moins un jour sur deux et qui leur permettrait en même temps, quand les charbons sont en baisse, comme en ce temps-ci, de produire des roses qui justement sont en hausse?

---

(1) Il est à croire que le travail deviendra plus attrayant, plus court, plus facile, par l'emploi des forces mécaniques, et surtout des forces chimiques.

Seulement cela est impossible dans l'organisation actuelle, soit que l'ouvrier travaille pour son propre compte, soit qu'il travaille pour le compte d'un patron. Si un ouvrier, aujourd'hui, venait dire à un patron, dans une fabrique de tapis par exemple : « Je viendrai travailler chez vous les lundis, mercredis. vendredis : les autres jours de la semaine je veux aller travailler chez un pépiniériste », le patron l'enverrait papillonner à tous les diables ! On comprend bien, en effet, qu'il ne lui soit pas possible de faire marcher son atelier avec des ouvriers qui ne viendraient pas régulièrement.

Mais cet état de choses deviendrait au contraire très possible avec le système des associations coopératives. Il n'y aurait rien d'impossible à ce qu'un même ouvrier se fit inscrire dans deux ou trois, même huit ou dix associations coopératives différentes, dans lesquelles il travaillerait tour à tour, à la seule condition évidemment de s'entendre à l'avance sur les heures et les jours, de façon à établir une sorte de roulement.

Il faudrait, il est vrai, ce jour-là enseigner aux apprentis plusieurs métiers : ce ne serait pas un mal.

V

Ainsi donc :

Suppression des intermédiaires ;

Suppression de la domesticité ;

Suppression du salariat ;

Suppression des crises et des chômages ;

La vie rendue plus facile ;

Le travail plus attrayant ;

Tous ces grands changements pourraient être la conséquence de l'association. N'est-ce pas lui prêter trop de vertus ?

Elle en a plus encore qu'on ne peut le rêver. Lorsque Fourier, dans une heure de recueillement solennel écrivait cette phrase : « Aujourd'hui, jour du Vendredi saint, j'ai trouvé le secret de l'association universelle », il ne disait pas une vaine parole, et cette grande loi. en effet. était destinée à transformer le monde.

Et cependant. qu'est-ce que l'association quand on y regarde de près ? Rien de plus qu'un fait sans grande importance en lui-même. à savoir le groupement de quelques individus.

Mais, dans l'humanité aussi bien que dans la nature, ce sont les plus petites causes qui amènent les plus grandes transformations. Et l'association est justement une de ces forces dont la nature, comme pour nous donner l'exemple, se sert de préférence pour accomplir ses plus grands desseins.

S'agit-il de construire des continents nouveaux pour assurer un lieu d'habitation aux races futures, le jour où notre vieux monde sera devenu trop étroit ? La nature, pour atteindre ce but, n'a recours ni aux tremblements de terre ni aux éruptions volcaniques, elle ne bouleverse ni les terres ni les mers. Elle fait travailler simplement quelques milliards d'animalcules qui, groupés en associations, eux aussi, bâtissent molécule à molécule ces récifs de coraux et ces atolls que déjà on voit surgir de l'océan Pacifique sur une étendue de plusieurs milliers de lieues, comme on voit sortir de terre les fondements d'une cité nouvelle, et qui dessinent sur la carte du globe les grandes lignes d'un continent futur. Pour faire un nouveau monde, l'association de ces infiniments petits sera suffisante.

Avez-vous jamais assisté, dans un laboratoire de chimie ou dans certains établissements industriels, à ce curieux phénomène qu'on appelle une cristallisation ? Voici un liquide transparent, incolore : à un instant que l'œil n'a pu saisir, un cristal s'est formé. Qu'est-ce qu'un cristal ? Tout simplement une association de molécules groupés suivant une certaine forme déterminée. A côté de ce premier cristal un autre se dépose, je veux dire à côté de cette première association, et suivant la même loi, une autre association se forme, puis une autre, une autre encore, puis des milliers... et tantôt en peu d'instants, tantôt au bout de quelques semaines, la transformation est complète. Au lieu du liquide transparent, voici un corps solide aux arêtes géométriques, quelquefois aux couleurs éclatantes. Gardez-vous seulement, pendant que s'accomplit ce travail mystérieux, de toucher au vase d'une main maladroite, de secouer ou de troubler le liquide, vous empêcheriez cette merveilleuse métamorphose ! elle ne se ferait pas ou se ferait mal (1).

Ainsi, dans nos sociétés modernes s'opère une élaboration

---

(1) L'industrie a souvent recours à ce procédé de la cristallisation pour épurer un corps et le dégager de tout élément étranger. On sait, en effet, que ces petites associations qui s'appellent des cristaux ne se forment qu'entre molécules homogènes, avec les éléments purs de la masse. Ainsi en est-il des associations coopératives ! Elles dégagent de la masse les bons éléments.

mystérieuse. Elles sont encore dans un état sinon anarchique, du moins indéterminé, amorphe, mais déjà nous voyons commencer dans leur sein une sorte de cristallisation qui leur donnera un jour leur forme et leur assiette définitive. Déjà nous voyons se former çà et là de petites associations comme les vôtres, véritables cristaux où se concentre l'élite de la classe ouvrière, ce qu'il y a de meilleur et de pur dans la masse. J'en compte une, puis deux, plus de quatre cent cinquante en France, des milliers en Angleterre et sur tous les points du monde. Encore un peu de temps et de patience, et la masse entière va se prendre..... à moins que des imprudents et des maladroits ne viennent faire « de l'agitation », suivant la formule consacrée, à coups de pierre ou à coups de dynamite (1). En ce cas la transformation courra risque de ne pas se faire de longtemps ou de se faire tout de travers.

Oui, si je cherche à me représenter le monde tel qu'il sera dans quelques générations ou, si vous voulez, dans quelques siècles, voici le spectacle que je crois contempler.

Je vois le monde rempli de milliers et de millions d'associations de toute nature, celles-ci pour le travail, celles-là pour les plaisirs ; les unes agricoles, les autres industrielles ; les unes pour réaliser les bénéfices de la production en commun, les autres pour réaliser les économies de la consommation en commun ; les unes pour bâtir des logements, les autres pour faire la cuisine et préparer les aliments ; les unes pour s'occuper des enfants, les autres des vieillards ; les unes pour assurer contre les accidents et les maladies, les autres contre les chômages.

Je vois tous les hommes faisant partie chacun non pas d'une seule, mais de dix, de vingt, de cinquante associations différentes, de celle-ci pour vendre son beurre ou son lait, de celle-là pour fabriquer des tapis, de cette troisième pour se loger, de cette quatrième pour se nourrir, de cette cinquième pour soigner ses enfants, de cette sixième pour s'assurer une retraite, de cette septième pour lire son journal, de cette huitième pour entendre de la musique, de cette dernière peut-être pour se magnétiser mutuellement !.... Ceux-là seulement ne feront point partie d'une ou plusieurs associations qu'aucune d'elles n'aura voulu admettre dans son sein, parce qu'au lieu de lui rendre service ils ne pourraient que la gruger, — c'est-à-dire les bons

---

(1) Rappelons que ceci a été écrit en 1886, et ressemble aussi, par conséquent, à une prophétie !

à rien. De cette façon chaque homme se trouvera assuré contre ces hasards de la vie qui toujours guettent l'homme, et quand ils le surprennent isolé, fût-ce le plus vaillant, ont bientôt fait de le pousser d'abord à l'hôpital, ensuite au tombeau.

Je vois la propriété de toutes choses: la terre, les mines, les maisons, les usines, les navires, les machines, les capitaux, tout le matériel de la production appartenant à ces milliers d'associations et à ces millions d'associés, non pas sur pied d'égalité, mais de telle façon que tout associé ait dans sa poche ou dans son portefeuille un ou plusieurs coupons d'actions lui assurant une quote-part dans la richesse générale, la propriété ainsi divisée à l'infini et comme diffuse jusqu'aux extrémités du corps social. Par là, chacun se trouvant à la fois travailleur, propriétaire et capitaliste, chacun se trouvera ainsi directement intéressé au maintien de l'ordre et de la tranquilité.

Je vois chacune de ces associations réunissant, non pas seulement comme celles qui peuvent exister aujourd'hui, des hommes de la même ville et de la même condition, mais des hommes de toute condition, de tout pays, de toute langue : on verra le pauvre et le riche, l'ouvrier et le bourgeois, le Chinois et le Français, le nègre et le blanc, réunis par les mille liens d'intérêts divers et quotidiens dont ils ne pourront plus se dégager, et par là la paix sociale, peut-être même la paix internationale, garantie dans la mesure où elle peut l'être en ce monde.

La paix sociale ! Si l'association parvenait à l'assurer, par là se trouverait réalisée encore la dernière et plus belle des prophéties de Fourier, celle à laquelle il croyait avec la foi la plus vive et sur laquelle il revient sans cesse, à ce point qu'il avait déjà baptisé sa société nouvelle du nom d'HARMONIE.

« Le secret de l'union des intérêts est dans l'association. Les trois classes, une fois associées et unies d'intérêt, oublieront les haines, d'autant mieux que les chances du travail attrayant feront disparaître les fatigues du peuple et le mépris du riche pour les inférieurs, dont ils partageront les fonctions devenues séduisantes. Là finira la jalousie du pauvre contre les oisifs qui récoltent sans avoir semé ; il n'existera plus ni oisifs, ni pauvres, et les antipathies sociales cesseront avec les causes qui les produisent (1). »

Qu'elle paraît encore loin de se réaliser cette prophétie mer-

____

(1) *Associat. domest.*, I, p. 133.

veilleuse ! J'ai beau regarder à l'horizon, à cet horizon qui au nord comme au midi n'apparaît éclairé que par des lueurs d'incendie (1), je n'aperçois rien qui annonce l'aurore de ce jour que saluaient, dix-neuf siècles avant Fourier, les anges de la nuit de Noël : Paix sur la terre ! Bienveillance envers les hommes !

Eh bien ! malgré tout, il faut croire à la réalisation de cette dernière prophétie de Fourier : l'association amènera l'union. Non, la haine ne sera pas la plus forte ; oui, l'amour vaincra. Il faut le croire parce que l'expérience nous apprend que si la haine est puissante pour détruire, elle est impuissante à rien fonder ; parce que l'histoire nous montre que les seules œuvres qui aient été durables sur terre et qui aient réellement transformé le monde, oui, toutes — sans même en excepter la Révolution française dans ce qu'elle a eu de durable et de vraiment fécond — ont été des œuvres d'amour ; parce que nous voyons bien que les seuls hommes qui aient été doués de la puissance créatrice, réformateurs ou inventeurs, ont été ceux-là seulement qui ont eu la puissance d'aimer. Il faut le croire enfin parce que c'est la Nature elle-même qui a voulu que l'amour seul fût le principe de vie et de fécondité et que rien ne pût exister en ce monde qui n'ait été conçu dans un embrassement !

Et toi aussi, homme bizarre dont nous venons d'étudier ce soir la doctrine et la vie, si tu as approché de la vérité de plus près que d'autres et s'il t'a été donné, malgré tes divagations, d'entrevoir l'avenir de nos sociétés d'un coup d'œil véritablement prophétique, c'est tout bonnement parce que ton cœur était riche d'amour pour tous, pour les hommes et les choses, pour les pauvres et les riches, pour les enfants et les fleurs. O toi qui rêvais un monde où « tout le monde fut heureux, même les bêtes », tu étais fou si l'on veut, mais du moins tu fus un fou débonnaire, ce qui nous repose de ces fous furieux dont l'espèce devient si commune aujourd'hui, et si j'avais eu à choisir une inscription pour ta tombe, j'y aurais fait graver cette promesse de l'Evangile : « Il te sera beaucoup pardonné parce que tu as beaucoup aimé ! »

---

(1) A cette date, 8 avril 1886, les journaux étaient remplis de nouvelles relatives aux grèves et aux incendies de Belgique et à la grève de Decazeville où les mines, prétendait-on, étaient en feu.

Nîmes, imp. Veuve Laporte, ruelle des Saintes Maries, 7 — 105